Inhalt

Der Energiepass für Gebäude und Wohnungen

Kernthesen

Beitrag

Fallbeispiele

Weiterführende Literatur

Impressum

Der Energiepass für Gebäude und Wohnungen

I.Zeilhofer-Ficker

Kernthesen

- Für alle Gebäude und Wohnungen, die ab 2006 verkauft oder neu vermietet werden, ist ein Energiepass vorgeschrieben.
- Der Energiepass soll darüber Auskunft geben, wie hoch der Energieverbrauch eines Hauses oder einer Wohnung ist.
- Ein bundesweiter Feldversuch belegt, dass durch die energetischen Renovierung und Modernisierung von Altbauten Energieeinsparungen von bis zu 80 % möglich sind.
- Werden alle mit dem Energiepass

Neben der Einsparung von hauptsächlich Heizenergie und damit der Kohlendioxidemissionen erwartet man sich vom Energiepass mehr Markttransparenz für den Verbraucher also Mieter oder Käufer eines Objektes. Durch die steigende Nachfrage nach Energiespar-Häusern und Wohnungen soll die Investitionsbereitschaft von Gebäudeeigentümern in Sanierungsmaßnahmen erhöht und durch die folgenden Sanierungsaufträge der Umsatz von regionalen Handwerks- und Bauunternehmen belebt werden. (4)

Wie genau der Energiepass auszusehen hat, ist noch nicht endgültig entschieden. Sicher ist allerdings, dass neben der Energieeffizienzklassifizierung Vorschläge für Energieeinsparmaßnahmen enthalten sein werden. Der Pass soll Auskunft geben über den Zustand von Heiz-, Lüftungs- und Warmwassertechnik sowie den Zustand der Gebäudehülle (Wärmedämmung, Fenster etc.) an sich. Er soll Maßnahmen - beispielsweise Wärmedämmung oder Fensteraustausch - aufzeigen, mithilfe derer der Energieverbrauch gesenkt werden kann. Darüber hinaus wird die Aufnahme von Wirtschaftlichkeitsberechnungen für solche Investitionen in den Energiepass angestrebt. (5), (6), (14)

Die Nutzung von innovativen umweltschonenden Techniken wie Solar- oder Foto-Voltaik-Anlagen wird sich besonders positiv auf die Energieklassifizierung auswirken. Der Pass soll 10 Jahre gültig sein, dann muss entsprechend den technischen Weiterentwicklungen neu bewertet werden. Für große, öffentliche Gebäude wird der Energiepass ab 2006 zur Pflicht: der aktuelle Gebäudepass muss dann gut sichtbar ausgehängt sein. (7), (9)

Feldversuch der Dena

In 33 Kommunen läuft zurzeit ein Feldversuch der Deutschen Energieagentur (Dena) mit einem Prototypen des Energiepasses. Der Test soll die Praxistauglichkeit des Passes bestätigen und Verbesserungs- bzw. Änderungsnotwendigkeiten für die endgültige Version aufzeigen. So ist beispielsweise offen, ob die Energieverbrauchsklassifizierung über ein farbiges Label (von grün = niedriger Verbrauch bis rot = hoher Verbrauch) oder eine Buchstabenklassifizierung von A bis I wie bei den Haushaltsgeräten erfolgen wird. (5)

Kosten

Für das klassische Einfamilienhaus sollen sich die Kosten für den Energiepasses auf ca. 150 bis 300 Euro belaufen. Für Mehrfamilienhäuser rechnet man mit um die 900 Euro. Viel zu hoch seien die Kosten, wettern Eigentümerverbände, denn diese Gelder stünden dann nicht für die tatsächliche Renovierung zur Verfügung. Mieterverbände dagegen argumentieren, dass die Kosten von 10 bis höchstens 100 Euro pro Jahr bei 10jähriger Laufzeit durch die möglichen Energieeinsparungen sehr schnell amortisiert sind. (8)

Offene Punkte

Umstritten ist, ob die Klassifizierung auf tatsächlichen Energieverbrauch oder auf theoretischem Energiebedarf basieren soll. Gegen die verbrauchsgestützte Berechnung spricht, dass beispielsweise ein energieverschwenderisches Verhalten eines Mieters zu einer schlechten Klassifizierung führen könnte. Andererseits können sich zwischen theoretisch errechnetem Energiebedarf und dem tatsächlichen Verbrauch große Unterschiede ergeben, was Mietstreitigkeiten oder gar Garantieansprüche an den Vermieter nach sich ziehen könnte. (9), (13), (14)

Fraglich ist ebenso, ob der Pass im Markt überhaupt angenommen wird. Kritiker führen an, dass bei der Wahl einer Wohnung oder eines Hauses vordringlich die finanziellen Möglichkeiten sowie persönliche Wohnwünsche im Vordergrund stünden, die Energiekosten spielten kaum eine Rolle. Außerdem würden Eigentümer mit einer schlechten Klassifizierung nicht zu Modernisierungsmaßnahmen verpflichtet, ja, es sind bisher nicht einmal Bußgelder vorgesehen, wenn der Pass beim Verkauf oder bei der Vermietung eines Objektes nicht vorhanden ist. (10), (11)

Auch wie die Fachleute auszubilden sind, die den Energiepass künftig erstellen dürfen, ist noch offen. Einerseits sollen Architekten und Bauingenieure für die umfangreiche und komplizierte Begutachtung von großen Immobilien herangezogen werden, andererseits sollen aber auch Handwerker wie Heizungsbauer, Schornsteinfeger oder Dachdecker zu "unabhängigen Energieberatern" qualifiziert werden, um den Bedarf bei den klassischen Einfamilienhäusern abzudecken. (12)

Fallbeispiele

Aachen ist eine der Gemeinden, die am bundesweiten Feldversuch der Dena teilnehmen. Zwischen 150 und 250 Euro kostet der Pass dort, die ersten Freiwilligen erhielten dazu aber kostenlos vier Thermographie-Aufnahmen ihres Gebäudes, die erkennen lassen, wo die meiste Energie verloren geht. Bereits drei Stunden nach Beginn der Aktion waren in Aachen bereits 50 Pässe angefordert. (15), (www.kreis-aachen.de)

Seit Oktober läuft der Versuch unter dem Titel "Wetterauer Energiesparaktion" im Kreis Wetterau. Seitdem wurden 80 kostenlose Energiepässe ausgefüllt und 60 fertig bearbeitet. Werden alle vorgeschlagenen Energiesparmaßnahmen dieser Pässe verwirklicht, so kann der derzeitige Energiebedarf von durchschnittlich 240kWh pro Quadratmeter und Jahr auf rund 110 kWh reduziert werden. Der Investitionsbedarf für die Modernisierungsmaßnahmen beläuft sich dabei pro Objekt auf durchschnittlich ca. 27 000 Euro. (16)

In Frankfurt ist der Energiepass noch kostenlos zu bekommen, allerdings ist die gebührenpflichtige Beratung, die ab 125 Euro kostet, Pflicht. Familie Jakob hat von diesem Angebot Gebrauch gemacht und ihr 1958 gebautes Haus entsprechend der Vorschläge ausgebaut und modernisiert. Doppelverglaste Fenster wurden angebracht, der Keller wurde isoliert, eine Wärmedämmung bis zum

Dach montiert und die neue Heizung wird von einer Solaranlage für die Warmwasserbereitung ergänzt. Ein "A" im Energiepass ist - neben der Halbierung der Energiekosten für das Gebäude - der Lohn dieses Aufwands. (17)

Town & Country, ein Massivhausanbieter aus Behringen, bietet ein 3-Liter-Haus inklusive Energiepass an. Die Häuser haben durch ihren Endenergiebedarf von nur 50 kWh pro Quadratmeter die beste Energieeffizienzklassifizierung erhalten. (18)

Weiterführende Literatur

(1) Zum Mitmachen motivieren "Aktion Klimaschutz" der dena
aus DER MALER UND LACKIERERMEISTER, Heft 5, 2004, S. 34

(2) Teures Öl verspricht gute Geschäfte
aus Darmstädter Echo, 11.08.2004

(3) Grassmann, Philip, Ein Ausweis zum Haus, Süddeutsche Zeitung, 19.08.2004, Ausgabe Deutschland, S. 17
aus Darmstädter Echo, 11.08.2004

(4) Beul, Miriam, Neue Gretchenfrage: Wie hältst du's mit der Energie?, Süddeutsche Zeitung, 05.11.2004, Ausgabe Deutschland, S. V2/2

aus Darmstädter Echo, 11.08.2004

(5) O. V., Spar-Haus oder Energie-Fresser? - Energiepass wird Pflicht, Giessener Anzeiger vom 25.09.2004
aus Darmstädter Echo, 11.08.2004

(6) Spar-Haus oder Energie-Fresser? - Energiepass wird Pflicht - Energie-Experten machen Sanierungsvorschläge
aus Giessener Anzeiger vom 25.09.2004

(7) Drewes, Detlef, Ein Ausweis für das Haus, Bonner General-Anzeiger, 20.10.2004, S. 22
aus Giessener Anzeiger vom 25.09.2004

(8) Gessler, Katharina, Energiepass stößt auf Kritik, Hamburger Abendblatt, Jg. 57, 06.10.2004, Nr. 234, S. 14
aus Giessener Anzeiger vom 25.09.2004

(9) Energiepaß stößt auf Kritik
aus Hamburger Abendblatt, Jg. 57, 06.10.2004, Nr. 234, S. 14

(10) Immobilien-Telefon: Die Kosten für das neue Papier darf der Vermieter nicht an seine Mieter weitergeben Mehr Miete wegen Energiepass?
aus Berliner Morgenpost, Jg. 106, 04.08.2004, Nr. 211, S. I1

(11) "Das wird ein Flop"
aus Frankfurter Allgemeine Sonntagszeitung, 05.09.2004, Nr. 36, S. 49

(12) Immobilien-Telefon: Noch ist das Gesetz nicht verabschiedet, doch schon stellen sich knifflige Fragen zum neuen "Haus-Ausweis" Ein Energiepass für jede einzelne Eigentumswohnung
aus Berliner Morgenpost, Jg. 106, 31.07.2004, Nr. 207, S. 13

(13) Immobilien-Telefon: Viele Fragen der Morgenpost-Leser zum neuen Energiepass 2006 Das Zukunftspapier
aus Berliner Morgenpost, Jg. 106, 31.07.2004, Nr. 207, S. 11

(14) Teurer Energiepaß befürchtet
aus Frankfurter Allgemeine Zeitung, 06.08.2004, Nr. 181, S. 45

(15) Schmitt, Thomas, Viel Energie für wenig Pass, Frankfurter Allgemeine Sonntagszeitung, 05.09.2004, Nr. 36, S. 49
aus Frankfurter Allgemeine Zeitung, 06.08.2004, Nr. 181, S. 45

(16) Viel Energie für wenig Paß
aus Frankfurter Allgemeine Sonntagszeitung, 05.09.2004, Nr. 36, S. 49

(17) 80 Energiepässe ausgefüllt Zwischenbilanz der Wetterauer Energiesparaktion
aus Frankfurter Rundschau v. 06.11.2004, S.43, Ausgabe: R Region

(18) O. V., 3-Liter-Haus spart Geld, Mitteldeutsche Zeitung vom 12.10.2004
aus Frankfurter Rundschau v. 06.11.2004, S.43, Ausgabe: R Region

Impressum

Der Energiepass für Gebäude und Wohnungen

Bibliografische Information der deutschen Nationalbibliothek

Die Deutsche Nationalbibliothek verzeichnet diese Publikation in der deutschen Nationalbibliografie; detaillierte bibliografische Daten sind im Internet über http://dnb.d-nb.de abrufbar.

ISBN: 978-3-7379-1446-8

© 2015 GBI-Genios Deutsche Wirtschaftsdatenbank GmbH, Freischützstraße 96, 81927 München, www.genios.de

Alle Rechte vorbehalten. Dieses Werk ist einschließlich aller seiner Teile – z.B. Texte, Tabellen und Grafiken - urheberrechtlich geschützt. Jede Verwertung außerhalb der Grenzen des Urheberrechtsgesetzes bedarf der vorherigen Zustimmung des Verlags. Dies gilt insbesondere auch für auszugsweise Nachdrucke, fotomechanische Vervielfältigungen (Fotokopie/Mikroskopie), Übersetzungen, Auswertungen durch Datenbanken oder ähnliche Einrichtungen und die Einspeicherung und Verarbeitung in elektronischen Systemen.